PANÉGYRIQUE

DU

B. PIERRE FOURIER

Prononcé à Mattaincourt le 7 Juillet 1870

PAR

LE R. P. HENRIOT

Religieux de l'Ordre des Frères-Prêcheurs

MIRECOURT
HUMBERT, IMPRIMEUR-LIBRAIRE-ÉDITEUR

—

Maison à Paris, rue Cassette, 17

—

1870

Panégyrique

du

B. PIERRE FOURIER

Paris, rue Cassette, 17, — Mirecourt, typ. Humbert.

PANÉGYRIQUE

DU

B. PIERRE FOURIER

Prononcé à Mattaincourt le 7 Juillet 1870

PAR

LE R. P. HENRIOT

Religieux de l'Ordre des Frères-Prêcheurs

MIRECO

HUMBERT, IMPRIMEU

Maison à Pa

PANÉGYRIQUE

DU

B. PIERRE FOURIER

Cor nostrum dilatatum est.
Notre cœur s'est dilaté. (II Cor.)

Mes Frères,

J'ai à vous parler d'un homme qui fut l'une des gloires les plus pures de la Lorraine en même temps que l'une des plus belles personnifications du sacerdoce chrétien, le B. Pierre Fourier, curé de Mattaincourt, dont vous êtes venus en si grand nombre célébrer aujourd'hui la douce et vénérée mémoire. Que vous dirai-je de cet homme à qui ses vertus et surtout son dévouement ont mérité d'être appelé le Vincent de Paul de la Lorraine?... En lisant sa vie, il me semblait en entendre sortir à chaque instant ce cri de l'apôtre : *Cor nostrum dilatatum est*, mon cœur s'est dilaté. Oui, Mes Frères, ce qui fait que Pierre Fourier a été un si grand homme et un si grand saint, c'est l'étonnante dilatation de son cœur par la charité.

Ayant été assez heureux pour saisir le discours du R. P. Henriot, nous avons pensé que pour l'édification des fidèles nous pouvions prendre sur nous de le reproduire et de le livrer à l'impression.

Les personnes qui n'ont pu assister à l'office où ce panégyrique a été prononcé seront satisfaites de l'avoir sous les yeux. (*Note de l'éditeur.*)

Et en effet, ce qui constitue la véritable grandeur de l'homme, c'est bien moins son esprit que son cœur. L'esprit est la faculté de connaître, mais on peut avoir un grand esprit et n'être qu'une âme vulgaire ; on peut être une intelligence capable d'illuminer son siècle et une âme capable de le déshonorer ; l'histoire de tous les temps nous en offre des exemples mémorables. Mais qu'un homme soit grand par le cœur, celui-là sera toujours grand, grand dans le malheur, grand dans la pauvreté, grand dans les mépris. Car le cœur, c'est la faculté d'aimer, de se dévouer, de se donner, et rien n'est grand comme l'amour, le dévouement, le don de soi. C'est ce que fut Pierre Fourier, il fut un grand cœur, et c'est là son plus beau titre de gloire.

Mais qu'est-ce qu'un grand cœur ? C'est avant tout celui dont la capacité s'ouvre largement à tout ce qui est vrai, bon et beau, qui aime en un mot ce qui est grand. Or, Fourier a aimé les trois plus grandes choses qui soient au monde, je veux dire *Dieu, — l'Eglise, — et la Patrie*, et par ce triple amour s'est acquis des droits à l'admiration de la postérité. Tel sera, Mes Frères, l'objet de ce discours. Je ne vous dirai rien que vous ne sachiez déjà : je me contenterai de m'édifier avec vous et de puiser dans l'admirable vie de notre Bienheureux des enseignements pour la nôtre.

Je vous l'avoue en toute simplicité, je me sens heureux et fier d'avoir à vous faire l'éloge d'un saint que j'ai appris à aimer dès ma plus tendre enfance, puisque j'ai l'honneur, comme vous, d'être né sous le même ciel que lui.

I

Et d'abord un premier amour qui fit battre le cœur de Fourier, ce fut l'amour de Dieu. Qu'est-ce que l'amour de Dieu, non pas sans doute au point de vue rationaliste et philosophique, mais au point de vue surnaturel et chrétien, le seul qui doit nous occuper ici ? c'est un sentiment calme et tranquille, d'une douceur infinie, qui s'empare de notre âme, la porte à reproduire en elle quelque chose des perfections divines et se manifeste au dehors par cet ensemble de pureté, d'humilité, de charité, de sainteté en un mot, qui constitue ce que nous appelons la vie chrétienne. Car le propre de l'amour, c'est de nous faire ressembler, de nous identifier autant que possible à celui que nous aimons. Et le Dieu que nous aimons n'est pas seulement celui que la raison proclame, non, c'est le Dieu de notre cœur chrétien, celui qui est à la fois notre Sauveur, notre Père, notre Frère et notre Ami ; c'est Jésus-Christ ! voilà l'idéal de notre amour, voilà donc aussi quel doit être l'exemplaire de notre vie, celui dont nous devons reproduire les vertus.

Or, dès sa plus tendre enfance, Pierre Fourier apparut au milieu des siens comme l'une des plus parfaites reproductions de Jésus-Christ sur la terre. Né à Mirecourt, d'une famille où les traditions chrétiennes étaient héréditaires, où l'air qu'on respirait était pour ainsi dire tout imprégné de Dieu, son âme s'ouvrit d'elle-même à la vertu. Car il en est de la vertu comme d'une jeune plante : pour qu'elle puisse prendre racine dans une âme, s'y développer et s'y épanouir plus tard dans toute sa force et sa beauté, elle a besoin de germer dans un milieu qui lui convienne, de respirer en quelque sorte une atmosphère dont elle n'ait pas à redouter le contact..... Heureux donc, mille fois heureux ceux qui dès leurs premiers pas dans la vie reçoivent au foyer domestique une éducation religieuse et chrétienne !

Ce fut le bonheur de Fourier. Ses parents ne ressemblaient point à tant de parents de nos jours qui ne donnent à la culture des jeunes âmes confiées à leur sollicitude qu'une place très-secondaire, et ne se soucient en aucune manière du côté surnaturel de l'éducation, ou qui n'y songent que lorsqu'il n'est plus temps. Eux, au contraire, s'appliquaient à développer avant tout dans l'âme de leurs enfants le germe des vertus chrétiennes. Aussi, vit-on bientôt se révéler dans le jeune Fourier les plus heureux instincts : une piété précoce qui lui faisait rechercher la solitude et aimer la prière, un éloignement des plus prononcés pour les bruyantes futilités de l'enfance, une droiture naturelle qui ne pouvait supporter la plus légère injustice, une instinctive pudeur qui s'attristait même des caresses maternelles et des familiarités les plus innocentes, toutes sortes de qualités en un mot qui fesaient éclore dans le cœur des parents fortunés de cet enfant les plus riches espérances.

Dès qu'il eût atteint sa quinzième année, on l'envoya à l'Université de Pont-à-Mousson pour y terminer ses études classiques commencées dans sa ville natale. Fourier comprit, tout jeune qu'il était, le profit qu'il pourrait tirer plus tard des trésors intellectuels dont il allait enrichir son esprit, car déjà il nourrissait au fond de son cœur le doux espoir d'être admis un jour dans les rangs du sacerdoce. Aussi, se livrat-il à l'étude avec cette sainte ardeur qu'il mettait en toutes choses, recherchant bien moins à satisfaire son attrait qu'à remplir un devoir de conscience.

Il savait d'ailleurs qu'il répondait en cela aux plus vifs désirs de son père, et c'en était assez pour lui inspirer l'amour du travail. Car ce fut encore un des traits saillants de sa nature, c'est que jamais il n'eut d'autre volonté que la volonté de ses parents dans lesquels il aimait à contempler la vivante image de Dieu..... Toujours il eut pour eux cette soumission, cette tendresse et ce culte filial qu'on retrouve encore, Dieu merci ! dans les familles où s'est transmis l'héritage traditionnel de la foi.

Grâce à son étonnante pénétration d'esprit, Fourier obtint bientôt à l'Université des succès qui le signalèrent à l'attention particulière de ses maîtres et lui valurent en même temps le respect de ses jeunes rivaux. Tant il est vrai que Dieu bénit toujours ceux qui travaillent pour lui !...

Mais ces succès ne l'éblouirent pas ; il n'en prit point occasion, comme il arrive si souvent, pour se poser dans l'école avec cette arrogance superbe qui se permet de tout fronder et ne veut même plus reconnaître de supérieur au-dessus d'elle. Non, il fut à l'Université ce qu'il était naguère au foyer domestique, simple, soumis, obéissant en toutes choses avec l'aimable docilité d'un enfant. Pendant les cinq années qu'il y passa, on ne voit pas que jamais il se soit permis contre ses maîtres une seule parole d'amertume, un seul acte d'insubordination... Il savait trop bien que toute autorité légitime vient de Dieu, quelle qu'elle soit, et il se faisait une loi de ne l'oublier jamais; bien différent de ces jeunes gens, comme on en voit tant, hélas ! parmi nous, qui tourmentés par je ne sais quelle fièvre d'indépendance, se révoltent contre tout ce qui les gêne, et ne respectent plus rien ici-bas, pas même l'autorité la plus sacrée qui soit au monde après celle de Dieu, je veux dire l'autorité paternelle.

A une soumission parfaite envers ceux dont il était le disciple, notre pieux jeune homme joignait une charité pleine de prévenance pour ceux dont il était l'émule. Oh ! la charité, cette vertu distinctive des disciples de Jésus-Christ, comment Fourier ne l'eût-il point aimée ? Comment n'eût-elle pas occupé une large place dans sa vie ?... Aussi, le trouvait-on toujours prêt à compatir et à se dévouer, fallût-il s'imposer de pénibles sacrifices. Ceux-là même dont il aurait eu droit de se plaindre n'avaient jamais qu'à se louer de son ineffable bonté. Si parfois il eut à souffrir, lui, se garda bien de jamais contrister volontairement qui que ce soit. Il pratiquait la charité jusque dans sa dévotion. Sa piété n'avait rien de farouche et d'austère, elle était au contraire aimable et attrayante. On n'a pas de peine d'ailleurs à être aimable quand on ne s'aime pas trop soi-même. L'amabilité du caractère et la douceur des procédés se confondent toujours avec l'abnégation. Et l'abnégation, Fourier la connaissait aussi et la pratiquait.

On pouvait redouter pour notre jeune étudiant qu'au milieu de la licence qui règne habituellement dans les écoles, la virginité de son âme ne vint à subir de funestes atteintes, la jeunesse, même la plus heureusement douée, est parfois si faible et si chancelante ! Mais non, Fourier chérissait trop cette adorable vertu pour l'exposer volontairement au moindre péril. Loin de s'altérer, elle ne fit même que resplendir avec plus d'éclat. Car il connut le danger, plus d'un piège lui fut tendu, où d'autres âmes moins circonspectes que la sienne eussent infailliblement péri; mais toujours il en sortit invulnérable et traversa le feu sans en ressentir la chaleur. Au dire de ses historiens, il se répandait autour de lui comme un parfum de chasteté. La pureté de son âme se reflétait jusque sur son visage et en faisait rayonner davantage encore l'angélique beauté.

Il ne négligeait d'ailleurs aucun moyen de protéger son innocence et de se défendre contre un ennemi d'autant plus redoutable qu'il possède le perfide secret de faire chérir ses blessures. Pour rester maître de son corps et reproduire en même temps dans ses membres la Passion de son bien-aimé Sauveur, il n'est pas de mortification qu'il n'entreprit :

Coucher sur la dure, se flageller, se priver de nourriture et de sommeil, fuir le plaisir comme nous autres nous fuyons la douleur, voilà ce que faisait cet héroïque jeune homme dans un âge où l'on sait à peine ce que c'est que de se mortifier, où l'on ne pense qu'à jouir et à flatter ce côté sensuel de notre nature toujours prêt à se révolter contre la vertu. Voilà ce qu'il faisait pour conserver intacte sa pureté virginale, ce vase si fragile que nous exposons si souvent aux plus terribles hasards.

Fourier touchait au terme de ses études. Il revint donc près de son père. Mais ce ne fut pas sans regret que l'école de Pont-à-Mousson le vit s'éloigner de ses murs. N'en avait-il pas été la gloire par ses talents et l'édification par ses vertus. Aussi, à peine était-il de retour dans sa ville natale, où le bruit de ses succès l'avait depuis longtemps devancé, que chacun faisait à l'envi son éloge et se disputait l'honneur de le posséder. Mais son âme était trop grande et son cœur trop près du cœur humilié de Jésus pour se laisser prendre à de vulgaires séductions. Plus on l'exaltait, plus il aimait, lui, à s'effacer. La louange lui était insupportable, elle le rendait tout triste, et il en était venu à se haïr sincèrement lui-même. A l'entendre, il n'était qu'un pauvre écolier, sans science ni capacité, propre tout au plus à faire le catéchisme aux petits enfants. Oh! comme cette humilité condamne énergiquement notre orgueil, nous qui cherchons sans cesse à nous produire, à nous exalter, à faire le sot étalage des rares qualités que la nature a pu nous départir!

Mais une fois rentré dans sa famille, Fourier ne pouvait y demeurer inactif, il connaissait trop bien le prix du temps pour le gaspiller dans l'inutilité. Que fit-il donc? Ah! quand on est possédé de l'amour de Dieu, on sait toujours se créer du travail. Il se fit apôtre dans sa modeste sphère. Nous, mes frères, la plupart du temps, nous ne songeons pas à faire de l'apostolat autour de nous: que Dieu soit connu ou ne le soit pas, nous vivons à cet égard dans la plus complète insouciance. Ah! c'est qu'en réalité nous n'aimons pas Dieu! Mais Fourier qui l'aimait, lui, ne connut point cet égoïsme ; il essaya, par tous les moyens dont il pouvait disposer, de faire partager à d'autres âmes les trésors de foi et d'amour dont la sienne était remplie. Et pour cela il sollicita et obtint de son père de se livrer à l'éducation de la jeunesse, jusqu'à ce que les desseins de Dieu sur lui se fussent clairement manifestés. Sa réputation lui attira bientôt de nombreux élèves dont plusieurs sortaient des premières familles de la Lorraine. Mais en cultivant leur esprit, il s'appliqua principalement à cultiver leurs cœurs, à leur faire aimer la vertu, à leur inspirer l'horreur du vice, du mensonge, des procédés injustes, en un mot de tout ce qui blesse une conscience honnête et chrétienne. C'est ainsi que déjà il préludait à ce sublime ministère des âmes qu'il devait bientôt si glorieusement exercer dans l'Eglise. Car un second amour qui passionna le grand cœur de Fourier ce fut l'amour de l'Eglise. Nous allons le considérer sous cet autre aspect non moins digne de lui mériter les hommages de notre filiale admiration.

II

L'amour de l'Eglise est distincte de l'amour de Dieu. Il ne se contente pas de rester enseveli dans les solitudes de notre âme, et de se révéler au dehors par des vertus obscures. Non, cet amour est essentiellement actif et militant, car l'Eglise n'est pas dans les mêmes conditions que Dieu. Dieu, lui, reste éternellement tranquille, immuable, inattaquable dans le ciel ; mais son Eglise est sur la terre, il lui faut passer par bien des épreuves, elle a besoin d'être défendue contre ceux qui ne cessent de l'attaquer ; elle a besoin surtout qu'on lui rende les chères âmes que des ennemis perfides sont venus lui ravir, et dont elle pleure si amèrement l'absence à son foyer. Mais qui défendra l'Eglise ? Qui la vengera de ses insulteurs ? Qui ramènera dans son sein les âmes qu'elle a perdues et qu'elle ne cesse de réclamer, si ce n'est le prêtre et particulièrement ce prêtre que l'on nomme un Pasteur, auquel a été confiée cette petite portion de l'Eglise que nous appelons une paroisse, un troupeau ? Donc plus un prêtre sera pasteur, plus le zèle des âmes le consumera, plus aussi sera grand le témoignage d'amour que donnera ce prêtre à l'Eglise, sa mère. Or, le B. Pierre Fourier va nous apparaître encore comme l'un des plus parfaits exemplaires du vrai Pasteur des âmes.

Comme nous l'avons vu, Fourier s'était senti dès l'âge le plus tendre appelé de Dieu au redoutable honneur du sacerdoce. Mais afin de s'en rendre plus digne, et de pouvoir mieux en remplir un jour les austères fonctions, que fit-il ? Quand arriva pour lui le moment de se prononcer, il sollicita son entrée dans un ordre religieux, l'ordre des chanoines réguliers de Saint-Augustin qui possédaient un monastère à Chaumousey. Cet ordre, il est vrai, était alors tombé dans un profond relâchement, mais comme il joignait le ministère paroissial aux exercices de la vie commune, c'est sans doute pour ce motif qu'il obtint la préférence de Fourier. Car la pensée qui le dominait dans son attrait vers le sacerdoce, c'était bien moins l'œuvre de sa sanctification personnelle que le désir de se rendre utile aussi largement que possible à l'Eglise et aux âmes.

Durant cette nouvelle phase de son existence, Fourier n'eut plus qu'une seule préoccupation : se préparer par la prière, le recueillement, l'étude de la science sacrée et toutes les vertus monastiques à ce grand jour qui devait réaliser ses rêves de jeunesse et lui permettre enfin de combattre les pacifiques combats de l'Evangile. Il eut à subir bien des vexations de la part de ceux qui ne pouvaient lui pardonner sa vie si régulière et si sainte. Mais il endura tout avec sa douceur ordinaire, heureux comme toujours de pouvoir tremper ses lèvres altérées à la coupe du sacrifice.

Enfin, il se leva le jour tant désiré où notre digne et fervent Religieux sentit couler sur son front l'onction sacrée qui fait les prêtres. Cette grâce, source de tant d'autres, ne le surprit point; il était prêt. Et bientôt il recevait des mains de son évêque cette chère paroisse de Mattaincourt, et en épousait les âmes au-dedans de son cœur avec un sentiment de joie et de fidélité qui pendant quarante années ne devait pas un seul instant se démentir.

Le terrain sur lequel il allait travailler offrait bien des aspérités; tout était à défricher dans ce champ, et je ne vous apprends rien, Mes Frères, en vous disant que Mattaincourt à cette époque était devenue le scandale de la Lorraine au double point de vue de la foi et des mœurs. Elle était même un foyer des plus actifs de l'hérésie protestante, à tel point qu'on l'appelait partout *la petite Genève*. Et c'est précisément à cause de cela que Fourier l'avait choisie de préférence à d'autres paroisses incontestablement plus avantageuses sous tous les rapports. C'est ainsi qu'agissent les saints : lorsque nous poursuivons, nous autres, la gloire, le bien-être, le travail facile, eux au contraire s'estiment toujours trop heureux de n'avoir en partage que l'humiliation, la souffrance et les plus rudes labeurs.

Ces difficultés que rencontra notre jeune prêtre au début de sa vie sacerdotale, et qui sans doute eussent découragé une nature moins fortement trempée que la sienne, loin de l'arrêter, ne firent qu'enflammer son zèle et son ardeur. Il se met donc à l'œuvre, fort de sa foi et de son dévouement.

n'épargnant ni son temps, ni son repos, ni sa santé pour découvrir les moyens les plus propres à triompher de ces âmes rebelles, et les amener à reprendre le chemin de l'église qu'elles ne connaissaient plus. Catéchismes aux enfants, conférences particulières, décoration de la maison de Dieu, cérémonies splendides dont la magnificence inusitée captivait les regards, il eut recours à tous les pieux stratagèmes dont il pouvait espérer quelque succès. On cite surtout son étonnante activité à propager l'instruction religieuse dans sa paroisse, l'impression profonde que laissait dans les esprits sa parole ardente, et les merveilleux succès qu'elle remportait. Du reste, elle avait tous les éléments du triomphe : la lumière qui éclaire, la chaleur qui embrase, la douceur qui persuade, la force qui entraine. Et puis, nous disent ses historiens, il y avait dans sa voix, dans son regard, dans sa personne entière je ne sais quoi de sympathique dont les natures les plus revêches subissaient le mystérieux empire. Aussi, voyait-on non-seulement la population de Mattaincourt, mais encore les populations voisines accourir en foule autour de sa chaire. Et quand il versait sur ces multitudes avides les torrents de sa douce et persuasive éloquence, tout le monde de s'écrier au sortir du temple, comme autrefois les Juifs sur les pas du Sauveur : Non, jamais homme n'a parlé comme cet homme.

Mais ce n'était pas assez pour Fourier d'évangéliser son peuple dans l'étroite enceinte de son église, il poursuivait jusque dans leur maison ceux qui lui paraissaient avoir besoin d'instructions particulières, se mettant à la portée des intelligences les plus ingrates pour leur faire partager ses convictions et sa foi. Il savait qu'il n'était pas une seule de ces chères âmes, si petite qu'elle fût, dont il n'eût à répondre devant Dieu, et se souvenant de cette parole du prophète : *Væ mihi quia tacui*, malheur à moi si mes lèvres restent muettes, il leur parlait à temps et à contre-temps, ne craignant pas de se rendre parfois importun, pourvu qu'elles sortissent de cette coupable léthargie où elles dormaient depuis si longtemps, et revinssent finalement à Dieu en revenant à la vérité.

Non content de prêcher et de courir comme le bon Pasteur à la recherche de la brebis égarée, il passait encore une longue partie de ses jours et de ses nuits en de ferventes oraisons où le salut de son peuple était toujours sa plus douloureuse et sa plus chère préoccupation. C'est qu'en effet la parole de l'Apôtre, si ardente qu'elle soit, portera peu de fruits si la prière n'est point là pour la féconder. Fourier savait cela, et voilà pourquoi sa vie entière n'était pour ainsi dire qu'une prière de tous les instants. Même au milieu de ses travaux, de ses voyages, de toutes ses sollicitudes pastorales, son âme s'élevait instinctivement vers le ciel pour en faire descendre sur son cher petit troupeau cette rosée mystérieuse de la grâce qui attendrit les cœurs, les purifie et les régénère.

Pourtant il restait toujours quelques endurcis dont l'insouciance obstinée des choses de Dieu lui mettait dans l'âme une commisération plus marquée. C'étaient ceux qu'il appelait avec une si touchante simplicité sa *Bande perdue*, non pas sans doute qu'il en désespérât, oh! non, mais pour se rappeler qu'il leur devait plus de sollicitude qu'aux autres. Ah! c'est pour ceux-là surtout qu'il déployait tout ce qu'il avait de zèle et d'amour, et s'exhalait devant le Seigneur en plaintes déchirantes! Sa compassion pour eux était si profonde que souvent elle s'échappait en larmes abondantes.

On le vit alors plus d'une fois se précipiter comme hors de lui-même dans son église, gravir les degrés de l'autel, puis d'une main tremblante ouvrir la porte du tabernacle, et, se prosternant à terre, conjurer le Seigneur, avec des pleurs et des sanglots, de ne pas permettre que ses pauvres prodigues soient assez ennemis d'eux-mêmes pour côtoyer plus long-

temps les abîmes des éternelles douleurs : « O mon Dieu, s'écriait-il dans son immense charité, prenez ma vie, ou de grâce ayez pitié de votre peuple, et ramenez-moi ces chères ouailles qui vivent si tristement loin de leur pasteur !... »
On le conçoit, mes frères, toutes ces supplications, toutes ces angoisses, toutes ces larmes avaient trop de puissance sur le cœur de Dieu pour n'être pas exaucées. Aussi presque toujours les brebis perdues finissaient par revenir au bercail.

A la prédication de la parole et de la prière, Fourier en ajoutait une autre : celle de ses vertus. Mais parmi les vertus il en est deux surtout qui possèdent le merveilleux privilége de ramener les âmes à Dieu. C'est d'abord la bonté, c'est-à-dire cet ensemble de simplicité, de douceur et de prévenance qui prend sa source dans un cœur tendre et généreux, et donne à notre physionomie, à nos manières, à nos relations extérieures, je ne sais quoi d'attrayant qui gagne la sympathie.

Or, la bonté s'était en quelque sorte incarnée en Fourier. Il en était venu à s'identifier tellement avec ses paroissiens que tout ce qui les atteignait rencontrait aussitôt un écho dans son âme ; leurs joies étaient ses joies, comme leurs douleurs étaient ses douleurs. A quelque moment du jour qu'on vînt le trouver, jamais il ne manifestait la plus légère impatience, accueillant tout le monde, les petits et les grands, avec le même sourire, la même bienveillance, et prodiguant à tous indistinctement les trésors de son cœur. Même dans les circonstances les plus difficiles, on le trouvait toujours égal à lui-même, toujours prêt à condescendre aux misères d'autrui. Aussi ne l'appelait-on jamais que le *Bon Père*. Il avait même pris l'habitude de se tenir chaque matin des heures entières sur le seuil de sa porte, afin qu'on l'abordât sans peine et qu'on ne craignît pas de le déranger.

Les pauvres surtout étaient l'objet de sa prédilection, il

avait pour eux des tendresses, des sollicitudes toutes particulières, se faisant mendiant ou recourant à de pieuses industries pour leur venir en aide. Apprenait-il qu'une noce se célébrait en quelqu'endroit, vite il y courait pour y chercher la part des pauvres ; et ceux que la honte retenait à l'écart il savait encore les découvrir sans les humilier. On sentait enfin qu'il possédait toutes les prévoyances et toutes les délicatesses du cœur le plus aimant.

Un tel Pasteur, Mes Frères, pouvait-il ne pas se faire aimer? Et en se faisant aimer, pouvait-il dès lors n'avoir pas sur sa paroisse cet ascendant mystérieux, ce magique prestige que donne la bonté, et qui sauve les âmes en subjuguant les cœurs?

Avec la bonté il est un autre prestige non moins capable de frapper les populations et de les ramener à la vérité : c'est une vie austère et pénitente. Si perverti que soit le milieu dans lequel s'exerce cette vertu d'austérité, elle ne s'y manifeste jamais sans porter avec elle une révélation de Dieu. Les incroyants eux-mêmes, quand ils veulent être sincères, sont bien forcés d'avouer qu'il y a là des convictions sérieuses, et qu'un prêtre qui consent à ne vivre que de privations du matin jusqu'au soir, ne joue pas la comédie, et ne fait pas, suivant l'expression vulgaire, un métier comme un autre.

Eh bien ! Mes Frères, tel est le spectacle que Fourier ne cessa de donner à sa paroisse pendant quarante ans, le spectacle d'un homme détaché de tout, ne possédant rien, usant des choses de ce monde comme n'en usant pas; n'ayant pour toute habitation qu'une pauvre chambre délabrée et privée de tout ornement ; ne prenant à ses repas que du pain, des légumes et de l'eau, si ce n'est dans sa vieillesse, où il se permit un peu de vin pour sustenter ses forces défaillantes ; ne se couvrant que de vêtements grossiers qu'il ne remplaçait que lorsque la décence ne lui permettait plus de les porter ; ne dormant que sur la paille, ou sur un banc de pierre, ou sur une chaise d'osier ; n'accordant enfin à son corps que ce dont il avait strictement besoin pour ne pas trahir son ministère. Oui, pendant quarante ans, il fut impossible à la population de Mattaincourt de surprendre une seule fois son curé en flagrant délit de bien-être, de luxe ou de sensualité quelconque.

On savait de plus, par de pieuses indiscrétions, qu'il se livrait dans l'ombre de son presbytère à d'effrayantes pénitences, maltraitant son corps à la façon des esclaves par des flagellations sanglantes et mille autres macérations dont le récit émouvant ne laissait pas que de produire dans les esprits une singulière impression. Je vous le demande, Mes Frères, quand un prêtre comme celui-là venait dire à son peuple : Faites pénitence, ne craignez pas de réduire votre corps en servitude, et souvenez-vous que pour gagner le ciel il faut savoir se mortifier, se priver et souffrir ; de quelle puissance, de quelle souveraine éloquence ne devait pas être une telle parole appuyée par de tels exemples ?

Aussi, Fourier ne tarda pas à recueillir avec surabondance le fruit de ses labeurs. Quelques années à peine s'étaient écoulées que Mattaincourt voyait s'opérer dans son sein la plus étonnante transformation. On venait de loin pour s'y édifier, et cette humble bourgade que naguère encore on appelait *la Petite-Genève* à cause de ses erreurs et de ses désordres, on l'appelait maintenant la petite Sion à cause de ses vertus.

III

Après l'amour de Dieu se traduisant par les vertus chrétiennes et l'amour de l'Eglise se révélant par le zèle des âmes, il en est un troisième qui ne fit pas moins palpiter le grand cœur de Fourier, c'est l'amour de la Patrie. Tout homme se doit à sa patrie, mais le prêtre plus que les autres, attendu que le Christianisme, loin d'amoindrir en nous les sentiments légitimes que la nature y a déposés, ne fait au contraire que les développer, les perfectionner, les épurer. Et pourtant ne dit-on pas souvent dans le monde que le prêtre est un égoïste, et que relégué dans sa sacristie, il ne se soucie en aucune façon des intérêts de son pays?... Ah! Mes Frères, si jamais il s'est formulé un mensonge sur des lèvres humaines, c'est assurément celui-là!... Car enfin, dites-moi, est-il un seul des maux qui affligent son pays, auquel le prêtre soit insensible? Et quand il s'agit d'une grande cause à servir, d'une plaie nationale à soulager, ne voyez-vous pas presque toujours apparaître une belle et grande figure de prêtre? Oui, Mes Frères, nous aimons notre patrie aussi ardemment que qui que ce soit. Tout ce qui intéresse sa gloire, sa nationalité, son histoire, son avenir, tout cela nous est cher comme une sorte de patrimoine dont nous prenons une large part. Et le patriotisme de Fourier va vous en donner un témoignage on ne peut plus éclatant.

Un des plus grands services qu'un homme puisse rendre à son pays, c'est de s'appliquer à l'éducation de l'enfance, de former la jeunesse, non-seulement à la science, mais encore et surtout à la vertu, car la science sans la vertu ne fait que des orgueilleux, c'est-à-dire en définitive, des hommes redoutables pour une nation. Sans vertu, il n'y a pas de société possible. Hélas! nous ne le savons que trop; une douloureuse expérience ne nous a-t-elle pas appris qu'à mesure que disparaissent du milieu de nous la pureté des mœurs, l'amour du devoir, les caractères intègres, disparaissent aussi, par une conséquence logique et nécessaire, la tranquillité, la sécurité et la prospérité nationales?

Or, vous le savez, Mes Frères, c'est dans le premier âge surtout que se forme la vertu ou que germent les vices. Tout dépend des commencements. L'éducation de l'enfance porte dans son sein la grandeur ou les abaissements d'un peuple. Ils sont donc bien coupables et grandement coupables, non-seulement devant leur conscience et devant Dieu, mais encore devant leur pays, ces hommes de nos jours qui semblent n'avoir de science et de talents que pour pervertir la jeunesse, puisqu'ils poussent par elle la société aux abîmes de la dépravation.

Mais à qui revient en premier lieu ce ministère de l'éducation première? C'est aux parents sans doute. Pourtant, il faut bien le dire, les parents, surtout dans la classe pauvre, n'ont pas toujours le temps et la facilité de suivre et de favoriser l'épanouissement de la vertu dans l'âme de leurs enfants. Les travaux, les affaires, les préoccupations de toutes sortes ne leur permettent pas de se livrer à cette mission d'une manière aussi complète qu'il le faudrait. Celui-là donc se rendra éminemment utile à son pays, qui se fera le fondateur et le propagateur d'une institution dont le but spécial sera de former tout à la fois à la science et à la vertu les enfants du peuple.

C'est précisément ce qu'a fait Pierre Fourier, et cela à une époque où l'enseignement de la jeunesse était incontestablement plus apprécié qu'aujourd'hui. Il ne pouvait voir sans un douloureux serrement de cœur tant de pauvres enfants de la campagne livrés à l'ignorance, à l'oisiveté, au libertinage, privés en un mot de toute instruction comme de toute éducation ; et puisqu'il existait des pensionnats pour les enfants de la classe riche, il voulut établir des écoles gratuites pour les enfants de la classe pauvre. Et comme la vie religieuse, quoi qu'on en dise, offre plus de garantie que toute autre pour former des maîtres dévoués et capables, il résolut d'établir deux congrégations enseignantes pour les enfants de l'un et de l'autre sexe. Il est vrai qu'il ne réussit qu'à moitié dans ses projets, car le temps ne lui permit pas de fonder une Institution d'hommes voués à l'enseignement ; la gloire en était réservée au vénérable fondateur des Frères de la Doctrine chrétienne. Mais Fourier n'en a pas moins le mérite d'avoir conçu le premier l'idée de cette œuvre éminemment patriotique, et même d'en avoir tenté l'exécution près d'un siècle avant l'heure marquée par la Providence.

Il fut plus heureux dans ses tentatives pour l'éducation des filles. Avec le concours de quelques âmes généreuses auxquelles il avait fait part de son dessein et qui se dévouèrent à lui pour l'exécuter, il fonda, sous le nom de Congrégation de Notre-Dame, cet admirable institut qui de Mattaincourt se répandit non-seulement dans toute la Lorraine, mais en France, en Allemagne et par delà les mers, jusque dans les pays étrangers. Destiné d'abord à n'élever que les jeunes filles du peuple, il devint si florissant et s'acquit une telle renommée que plus tard les plus riches familles se disputèrent l'honneur de lui confier leurs enfants.

Et maintenant qui dira les innombrables services rendus à la société par ces saintes maisons de Notre-Dame, les riches intelligences qui s'y sont développées, les grandes âmes qui s'y sont formées, les vertus qui en sont sorties, les cœurs de vierges, d'épouses et de mères qui sont venues y puiser tous ces germes de tendresse et de dévouement dont le monde ne saurait se passer ! Et, s'il est vrai de dire que le rôle de la femme dans la famille est d'une importance extrême pour la formation de l'enfance, et qu'elle exerce en même temps, quand elle le veut, une influence irrésistible sur les mœurs et les habitudes de la vie publique, en leur imprimant ce je ne sais quoi de tendre, de généreux, de compâtissant qui la distingue, je vous laisse à penser, Mes Frères, de quelle reconnaissance, nous autres Lorrains, ne devons-nous pas être pénétrés pour la mémoire de Fourier, de ce grand homme qui, par son œuvre, a si bien répondu aux besoins de son siècle et de son pays ? Car enfin ne nous est-il pas permis de croire que si la Lorraine sent encore aujourd'hui circuler dans ses veines un sang fier et généreux, si son cœur bat toujours pour les grandes et saintes causes, si elle compte encore, malgré l'amoindrissement des âmes à notre époque, tant de nobles caractères dont elle a le droit de se glorifier, si elle a conservé plus fidèlement que bien d'autres nations la vieille foi de ses aïeux, cette foi sans laquelle un peuple tombe infailliblement dans la barbarie, ne nous est-il pas permis de croire que toutes ces grandes choses qui nous honorent, nous les devons, au moins dans une certaine mesure, à ces femmes qui, après avoir été si chrétiennement élevées par les filles de Notre-Dame, sont devenues nos mères et nous ont transmis avec leur sang, à travers les générations, l'héroïsme de leurs vertus ? Donc gloire à Fourier, puisqu'il est la souche de ce grand arbre qui nous a donné et nous donne encore tous les jours une si belle et si splendide floraison !

Mais il est un autre aspect sous lequel s'est révélé l'amour de Fourier pour son pays. Vous connaissez, Mes Frères, la lugubre histoire des désastres qui fondirent à cette époque sur la Lorraine : l'ambition et le ressentiment de Richelieu, qui ne pouvait nous pardonner nos gloires nationales ; la captivité et l'évasion de nos princes ; la guerre, la disette et la peste décimant nos populations ; les Suédois, ces dignes alliés du ministre de Louis XIII, incendiant nos maisons, profanant nos églises, promenant en un mot de tous côtés le plus monstrueux brigandage qui se soit jamais vu. Aussi toutes les fois que je parcours cette page désolante de notre histoire, je ne puis m'empêcher de sentir des larmes monter jusqu'à mes paupières. Mais en même temps je ne puis m'empêcher d'admirer le patriotisme si magnanime dont Fourier fit preuve en ces douloureuses circonstances. A la vue de tant de maux, son grand cœur se fondit dans une immense compassion. Aussitôt, pour fléchir la colère du ciel, il organise de tous côtés des prières publiques, et, afin de leur donner plus de vertu, à ces prières, il les trempe dans le sang de la pénitence, il ajoute à ses austérités habituelles d'autres austérités plus effrayantes encore, car il connaissait la mystérieuse efficacité du sacrifice et de l'immolation volontaire pour arrêter le bras de Dieu dans les grandes tribulations. Mais il ne se contente pas de prier, il se met à l'œuvre, il se multiplie en quelque sorte pour venir en aide à toutes les infortunes. Partout où l'on pleure, il console ; partout où l'on souffre, il soulage ; partout où l'on désespère, il donne un encouragement. Orphelins, malades, vieillards, moribonds, personne n'échappe à son dévouement. Lui qui ne possède rien, trouve cependant à force d'activité de quoi nourrir tout un peuple de pauvres affamés. Et cela, non pas seulement à Mattaincourt, mais à Mirecourt et dans toutes les paroisses voisines, animant ses auxiliaires de son esprit de foi et de charité, ordonnant tout, soutenant tout, pourvoyant à tout, et planant sur la Lorraine comme l'Ange béni de la consolation et de l'espérance.

Ce n'est pas tout encore. Le patriotisme de Fourier, Mes Frères, devait se manifester avec plus d'éclat, il devait aller jusqu'à la plus haute expression du dévouement et du sacrifice.

Richelieu, ainsi que vous le savez, menaçait d'annexer la Lorraine à la France et de lui ravir par là-même son indépendance et sa nationalité. Sa politique astucieuse, de jour en jour plus visible, marchait rapidement vers ce but, et, il faut bien le dire, les imprudences du duc Charles IV ne favorisaient que trop ses iniques projets. Ce pauvre prince reconnut cependant l'abime qu'il avait creusé sous ses pas et la déplorable situation qu'il avait faite à son pays. Ce fut alors qu'il vint trouver, pour s'en ouvrir à lui, notre digne curé de Mattaincourt, car la sagesse de ses conseils était si universellement reconnue et en si haute estime, que les princes eux-mêmes ne dédaignaient pas, dans les moments difficiles, de recourir à ses décisions. Fourier comprit bientôt qu'il n'existait qu'un moyen de déjouer la diplomatie du ministre omnipotent de Louis XIII, et de sauver notre indépendance menacée : c'était l'abdication de Charles IV, qui n'avait pas d'enfant, en faveur de son frère le cardinal de Lorraine, évêque de Toul, seul rejeton de la famille, et le mariage de celui-ci avec la princesse Claude, sa cousine, que Richelieu, pour arriver à ses fins, se proposait d'unir à un prince français. Comme on le voit, cette résolution n'était rien moins que téméraire ; en la conseillant, Fourier ne méconnaissait pas le sort qui l'attendait, les terribles représailles auxquelles il s'exposait: mais rien de tout cela n'ébranla son courage, il voulait à tout prix l'indépendance de la Lorraine, et l'amour de la patrie cria plus fort dans son âme que toute considération personnelle. Le conseil fut donc donné, si hardi qu'il fût. Le duc Charles abdiqua, et, comme le temps ne permettait pas de demander à Rome la double dispense dont le cardinal avait besoin pour quitter la pourpre et épouser sa cousine, Fourier ne craignit pas de lui dire qu'il pouvait, en sa qualité d'évêque de Toul, se dispenser lui-même [1]. Il alla

[1] Le cardinal de Lorraine, bien qu'évêque, n'était pas dans les ordres sacrés.

plus loin encore en ordonnant à l'un de ses religieux de bénir le mariage. Et, grâce à cette énergique détermination, les calculs ambitieux de Richelieu étaient déjoués, la maison de Lorraine était sauvée, et, pendant cent ans encore, notre pays devait conserver sa nationalité.

Mais ce qu'avait prévu Fourier ne tarda pas à se réaliser. Il avait trop blessé dans son orgueil l'ennemi de sa patrie, pour n'être pas troublé lui-même dans son repos. Le fidèle conseiller des princes lorrains dut fuir devant les mesquines vexations du Ministre de Louis XIII. Le voilà donc, cet auguste vieillard, qui prend le chemin de l'exil, poursuivi, traqué de tous côtés comme un malfaiteur. Enfin il arrive à Gray, où lui est offerte une bienveillante hospitalité. C'est là qu'il fixe son séjour et c'est là qu'il doit mourir. Mais qui dira tout ce que son cœur souffrit, toutes les poignantes angoisses dont il fut abreuvé pendant les quatre années qu'il passa sur cette terre étrangère, et qui pour lui ne furent qu'une longue et cruelle agonie? Il ne pouvait se consoler d'être séparé des siens, de ses chères congrégations, surtout de ses chères ouailles de Mattaincourt, au milieu desquelles il avait si longtemps vécu et qu'il avait tant aimées! Puis de douloureux récits achèvent de le navrer : la disette et la guerre continuent à désoler son pays ; ses paroissiens manquent de pain, ses monastères sont dévastés, ses religieux morts ou dispersés. Et lui n'est point là pour compatir à tant de souffrances, pour consoler comme autrefois ceux dont il est toujours le Père, le pasteur et l'ami!

J'ai fini, Mes Frères, car je crois inutile, pour le besoin de ma cause, de vous raconter l'admirable mort de notre Bienheureux Père. L'empressement de toute la ville de Gray autour de son corps pour le vénérer et le retenir dans ses murs ; sa rentrée triomphale en Lorraine, escorté des chanoines de Saint-Augustin dont il était devenu le supérieur général après en avoir été le réformateur ; et enfin ce concours providentiel de circonstances qui permit qu'au lieu d'être dirigé sur Pont-à-Mousson où on lui destinait une sépulture digne de lui, le cortége funèbre vint s'arrêter ici même, à Mattaincourt, au milieu de son peuple bien-aimé. Fourier d'ailleurs avait de son vivant témoigné le désir d'y reposer ; il était donc naturel que les ouailles conservassent leur pasteur. Et c'est ainsi, Mes Frères, que vous avez le bonheur de posséder près de vous, sous les voûtes de cette splendide église, le corps de celui qui fut l'une de nos plus belles gloires nationales, et dont la mémoire chérie restera éternellement liée aux destinées de cette paroisse comme aux destinées de la Lorraine.

Et maintenant, Mes Frères, que nous reste-t-il à faire, sinon de nous agenouiller devant cet illustre tombeau, de nous prosterner au pied de ces glorieuses dépouilles pour demander à celui dont le grand cœur les anima, de nous obtenir ce triple amour de Dieu, de l'Eglise et de la Patrie qui dévora sa vie en consommant sa gloire? Oh! oui, Père si tendrement vénéré, donnez-nous d'aimer Dieu comme vous l'avez aimé, c'est-à-dire d'un amour qui se traduise par les vertus du Christ, ces vertus que vous-même avez si fidèlement reproduites. Donnez-nous d'aimer l'Eglise comme vous l'avez aimée, c'est-à-dire d'un amour qui se trahisse par une ardente activité à prendre sa défense, à propager son véritable esprit, et surtout à lui gagner les âmes de ceux qui la méconnaissent ou la maudissent. Enfin donnez-nous d'aimer notre pays, comme vous l'avez aimé, non plus seulement la Lorraine, cette terre natale pour laquelle ont si vaillamment combattu nos aïeux, mais la France, cette seconde patrie, qui nous a déjà depuis longtemps adoptés pour ses fils.

Oui, donnez-nous de l'aimer pour dissiper ses ténèbres, pour consoler ses douleurs, pour cicatriser ses blessures. Et grâce à ce triple amour, nous espérons que Dieu se montrera moins sévère pour nous à l'heure des éternelles justices, puisque le Sauveur des hommes a dit un jour qu'il sera beaucoup pardonné à celui qui aura beaucoup aimé.

Paris, rue Cassette, 17. — Mirecourt, typ. Humbert.

www.ingramcontent.com/pod-product-compliance
Lightning Source LLC
Chambersburg PA
CBHW061002050426
42453CB00009B/1219